MÉMOIRE

CONCERNANT

L'INSTRUCTION PUBLIQUE,

PRÉSENTÉ AU GOUVERNEMENT

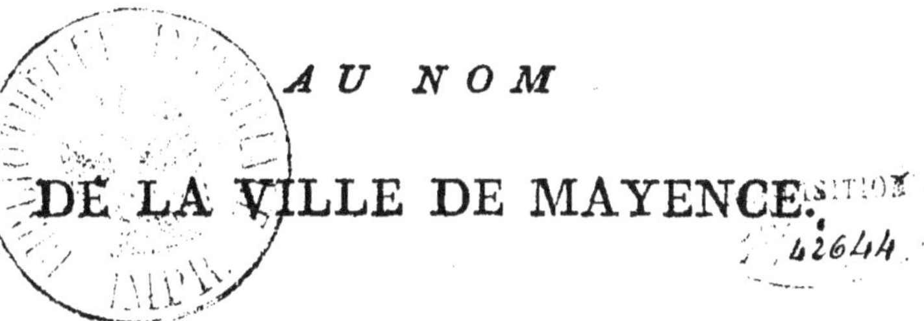

AU NOM

DE LA VILLE DE MAYENCE.

———

A PARIS,

De l'Imprimerie de Madame HUZARD, rue de l'Éperon
Saint-André-des-Arts, n°. 11.

AN X.

MÉMOIRE

CONCERNANT

L'INSTRUCTION PUBLIQUE,

PRÉSENTÉ AU GOUVERNEMENT

AU NOM DE LA VILLE DE MAYENCE.

C'EST avec une douleur profonde que les habitans de Mayence ont appris la nouvelle, qu'on affecte de répandre, du placement des écoles supérieures ailleurs que dans cette ville.

Ils ont pensé qu'une surprise seule pouvoit avoir occasionné une pareille décision, si toutefois elle avoit été prise. Ils n'ont pu la regarder comme irrévocable, et ils ont conçu l'espérance que le Gouvernement, fidèlement instruit des localités, abandonneroit un plan qu'un exposé peu exact pourroit seul l'avoir déterminé à adopter. Leur confiance dans la justice du Gouvernement est sans bornes , comme leur amour pour leur nouvelle patrie ; et c'est avec l'espoir le mieux fondé qu'ils présentent les réflexions suivantes.

Il semble au seul aspect de Mayence que cette ville soit destinée par la nature à devenir le *point intéressant de communication*, *l'entrepôt littéraire de la France et de l'Allemagne*. Située à la ligne qui sépare le nord du midi de l'Allemagne ; au confluent du Mein et du Rhin ; à une distance peu éloignée de Francfort où se fait le couronnement des Empereurs , où sans cesse affluent les habitans de l'Empire et des étrangers sans nombre ; à la proximité des bains fameux (1) où chaque année se réunissent des hommes de toutes les nations , des savans de tous les pays ; parlant

______

(1) *Visbaden*, dont les sources célèbres du temps de *Pline* le naturaliste étoient connues sous le nom de *Mattiaci fontes calidi* ; *Schwalbach* et *Schlangen - Bach* , ne sont qu'à quelques myriamètres de Mayence.

l'allemand le plus pur, prérogative qu'aucune ville, en descendant le Rhin, ne peut lui disputer (1); pour peu que l'on concoure à soutenir l'éclat de ses écoles célèbres, elle deviendra, ce qu'aucune autre ville ne pourroit être aussi facilement, le centre honorable où se porteront les Allemands et les François *pour l'échange utile de leurs connoissances,* genre de commerce non moins précieux que celui dont la rendent susceptible son heureuse position à une égale distance des Républiques Batave et Helvétique, son port baigné par un fleuve qui lui offre le secours officieux de ses eaux pour faciliter ses transports, et que le Gouvernement paroît vouloir faire revivre. Ce commerce du génie ne nuit point à l'autre, ainsi que le prouve l'exemple de *Leipsick,* et il le seconderoit, au contraire, autant, pour ainsi dire, que lui seroit désastreuse la con-

---

(1) *Manheim* et *Mayence* passent généralement pour parler le langage le plus pur et, dans la Saxe, on ne dispute à ces villes que le mode de prononciation; mais en descendant le Rhin, la langue s'altère. Au-dessous de *Bingen* à *Coblentz,* elle est corrompue; et à *Bonn,* ainsi qu'à *Cologne,* elle l'est au point de ne plus offrir qu'un dialecte vicieux.

servation de ses dispendieuses, et désormais inutiles forteresses (1).

Eh ! que de titres Mayence peut présenter au Gouvernement pour en obtenir la conservation de son Université, ou du moins les écoles supérieures que la France est sur le point de voir s'établir ! Les lumières y sont un héritage chéri que l'on se transmet de race en race (2). Ce fut un de ses enfans qui inventa l'art sublime de l'imprimerie, c'en fut un autre qui donna aux caractères la mobilité qui contribue tant à la

---

(1) Dans un mémoire présenté au Gouvernement, cette question politique et militaire, *est-il de l'intérêt de la France de conserver Mayence en état de forteresse ?* a été résolue par la négative ; considérée sous un point de vue commercial, la solution doit être la même, et ce ne peut être qu'une plume bien inconsidérée si elle n'est pas ennemie de Mayence qui, dans *le Publiciste*, N°. du 1ᵉʳ. Floréal, a donné comme un dédommagement de la perte de ses écoles que l'on y dit transplantées à Bonn, la réunion incompatible et par cela même impossible, d'un commerce florissant et de forteresses maintenues.

(2) En consultant la charte de fondation de l'électeur *Diether* et la bulle du pape *Sixte IV*, on voit que *c'est parce que Mayence est fameuse par la magnificence de ses édifices, et encore plus par le génie de ses habitans,*

pureté des éditions (1) : et la ville, berceau de l'art divin qui propage les lumières, seroit privée d'une école supérieure ! On y fermeroit celles qu'à l'instant même où parut cette belle invention, et au même siècle, y fondoient (2) d'un commun accord, l'électeur *Dieterus* et le Pape *Sixte IV*; ces écoles si fertiles en grands hommes (3) et qui, avant la guerre, comptées au nombre des Universités les plus célèbres de l'Allemagne, ne voyoient que celles de *Gœttingen* qui pussent leur disputer la prééminence. Elles offroient aux jeunes élèves qui y accouroient de toutes parts le complément de leurs premières études et les moyens de

------

et leurs succès dans les lettres ; parce qu'elle est abondamment pourvue de tout ce qui est nécessaire à la vie ; plus susceptible que toute autre, par ses nombreuses relations, par l'affluence des étrangers, de coopérer à la propagation des sciences ; parce qu'enfin Mayence est pour les autres villes que baigne le Rhin, ce que le soleil est au milieu des étoiles ; que cette ville a été choisie pour être le siége d'une Université.

(1) *Guttemberg, Jean Fust* et *Schœffer.*

(2) L'Université a été fondée en 1476.

(3) *Scotus, Beckanus, Cochleus, Leibnitz, Borneburg, Joachim Becker, Ickstadt, Horix, Muller, Franck, Sœmmering, Strak, Forster, Vogt, Weidman,* etc.

remplir avec distinction les états auxquels ils se destinoient, ou les emplois auxquels ils pouvoient aspirer.

Formés d'abord à la lecture, à l'écriture, à l'arithmétique dans des écoles *primaires*, appelées *triviales* dans le pays (*trivial schulen*), ils étoient encore instruits dans les premiers élémens de la langue latine. On étoit sûr du talent des maîtres enseignans dans ces écoles, par les soins que l'on prenoit pour en former de bons. Ce fut, en effet, à Mayence que l'on conçût la première idée des *écoles normales* et qu'on l'exécuta (1) ; elles y étoient en vigueur depuis trente ans.

---

(1) L'école normale étoit composée d'un professeur de la science de l'enseignement ou *pédagogie*, qui donnoit aussi des leçons sur les langues latine et allemande, sur l'histoire naturelle, etc. Un second enseignoit l'histoire ecclésiastique, la morale et la religion ; un troisième, l'arithmétique, la géométrie et la géographie ; un quatrième, l'écriture ; un cinquième et un sixième montroient le plein-chant et les cérémonies de l'église. De cette école sortoient les instituteurs qui étoient placés dans les villages, les bourgs et les petites villes.

L'école normale que l'électeur de Cologne, dernier mort, établit à Bonn, n'étoit qu'une imitation récente de celle de Mayence.

Des écoles primaires, les élèves passoient au collège ou *gymnase*, et là ils apprenoient les élémens des mathématiques, la géographie, les notions principales de l'histoire, les principes des langues, et c'étoit après ces études préliminaires que s'ouvroient pour eux les portes de l'Université, où les sciences étoient enseignées avec tous leurs développemens.

Cet enseignement y étoit partagé en trois grandes divisions. La première, comprenoit les sciences *dont la connoissance est nécessaire à tous les hommes*, quelque profession qu'ils exercent ; telles sont celles désignées sous le nom de *philosophico-mathématiques* (1).

La seconde, renfermoit les sciences *utiles à tous* et *nécessaires* seulement *à un certain*

---

(1) « A la première division appartenoient l'étude des auteurs anciens, grecs et latins, nécessaire au poëte, à l'orateur, au philosophe, à l'historien, au médecin, au jurisconsulte, au théologien, etc. ; l'étude et l'exercice de la langue françoise ; ensuite la *philologie* ou grammaire générale ; la philosophie, ou la connoissance de la nature et des propriétés des choses qui ne sont pas soumises à la volonté des hommes, science d'une grande importance qui s'étend sur la nature entière, et qui nous

nombre , celles nommées *historico-statis- tiques* (1).

La troisième, enfin , embrassoit les sciences qui *ne sont nécessaires qu'à des classes particulières* , telles sont la *théologie* , la *juris-*

---

enseigne à combattre l'erreur et à dissiper l'ignorance. Elle a pour première attribution de faire l'examen des facultés de l'ame, c'est la *psycologie* ; après viennent la *logique* , l'*œsthétique* ou la *morale* , la *théologie naturelle* ou la philosophie de la religion naturelle , la *métaphysique* , la *philosophie pratique* ou l'art de diriger la volonté des hommes , de telle sorte que chaque individu trouve son bonheur à faire celui des autres. »

(1) « La seconde division comprend l'histoire universelle, l'histoire ecclésiastique , celle des sciences , l'histoire d'Allemagne et des principaux États de l'Europe , celle de l'électorat de Mayence; la géographie ancienne et moderne , la chronologie, la numismatique ou la science des médailles et des monnoies , celle des inscriptions et des antiquités , et la statistique; cette dernière science se compose de l'histoire, de la géographie, de la politique , de la législation ; elle fait connoître l'étendue d'un État, le nombre de ses habitans , les productions de son sol , sa constitution, son commerce , son industrie, etc., fait juger par là de sa force et de sa foiblesse , etc. C'est une science de création nouvelle, à laquelle on a donné trop peu d'attention jusqu'à présent et qui , vû son importance , mérite d'être traitée en particulier. »

prudence, la *médecine* et *l'économie politique* (1).

Les professeurs qui enseignoient toutes ces
sciences, étoient répartis en six facultés,

---

(1) « La troisième division comprend, 1°. la théologie,
qui exige la connoissance des langues latine, grecque,
orientales, etc. 2°. La science du *droit* théorique et pratique ; les lois sont naturelles ou positives, ainsi, après l'é-
tude du droit naturel, hors de la société ou dans l'état de
société, et celle du droit public, politique ou privé, en
général, vient l'étude du droit positif qui concerne la puissance et les sujets, etc. etc. 3°. La médecine, dont les
branches principales sont l'anatomie, la physiologie, etc.
4°. L'économie politique. C'est une science qui indique les
moyens d'entretenir l'aisance dans les familles, et d'aug-
menter par là les ressources d'un État et sa puissance. Cette
science est aussi étendue, aussi difficie que les autres.
Presque toutes les richesses viennent de la terre ; ainsi,
l'économie rurale, l'économie forestière, l'agriculture,
sont de son ressort ; elle suppose la connoissance de l'histoire naturelle, de la physique générale, des mathématiques pures et appliquées. La botanique et la zoologie
économiques, et l'art vétérinaire, en font partie. Les productions de la terre servent aux artisans, aux fabricans,
et aux manufacturiers, delà la *technologie*, la connoissance des fabriques et manufactures. La chimie devient
une aide indispensable pour parvenir à ces dernières con-

savoir : de *Théologie* (1) , de *Droit* (2) , de *Médecine* (3), des *Sciences Philosophico-*

---

noissances. Les produits de l'industrie servent, à leur tour, à faire fleurir le commerce , delà la science du commerce , celles des lois et de la politique commerciales. L'arithmétique politique, les finances appartiennent aussi à la science de l'économie politique. »

Nota. Ces trois notes sont extraites d'une Instruction sur l'enseignement de l'Université de Mayence , imprimée en 1784 , sous le titre de *Neuc Verfassung der Verbesserten hohen schule zu-Mainz. in-*8°. de 236 pages.

(1) Il y avoit dans la faculté de *Théologie* , onze professeurs et dix assesseurs.

(2) La faculté de *Droit* avoit douze professeurs , un de droit public de l'Allemagne , un de l'histoire du droit , un du droit canon de l'Empire , un de la science pratique du droit, un de la science théorique du droit civil, un du droit féodal et territorial de l'électorat de Mayence , un de la législation de l'Allemagne en général et de celle de l'électorat de Mayence en particulier , un du code criminel , un du droit privé ecclésiastique , deux professeurs extraordinaires de jurisprudence.

Il y avoit en outre quatorze assesseurs , dont deux étoient répétiteurs.

(3) La faculté de *Médecine* comprenoit neuf professeurs, un de botanique , un de médecine pratique , un de matière

Mathématiques (1) , *Historico - Statisti-
ques* (2) , et *d'Économie politique* (3). Ils

---

médicale , un de chirurgie et d'accouchemens , un de pathologie et d'hygiéne , un d'anatomie et de physiologie ,
un d'histoire naturelle , un de chimie et de pharmacie , un
de médecine vétérinaire ; elle comptoit encore onze assesseurs.

(1) Les sciences *Philosophico - mathématiques* étoient
enseignées par neuf professeurs ; un d'histoire naturelle et
de physique , un d'encyclopédie et de méthodologie , un
d'œsthétique , un de mathématiques appliquées , un de
philosophie pratique , un de littérature ancienne , un de
mathématiques pures , un de logique et de métaphysique ,
un professeur extraordinaire de mathématiques.

Onze assesseurs, dont deux répétiteurs , étoient atta-
chés à cette faculté.

(2) Les sciences *Historico -statistiques* , avoient neuf
professeurs , un de l'histoire de la législation de l'Allemagne, un de l'histoire de la législation de l'électorat de
Mayence , un de commerce , de finances , de police et
de statistique ; un de l'histoire ecclésiastique , un de diplo-
matique et de la connoissance des archives , etc., un d'histoire philosophique , un d'histoire du commerce.

Sur ces neuf professeurs , quatre appartenoient à d'autres
facultés , ce qui en réduisoit le nombre effectif à cinq.

(3) La faculté d'*Économie politique* comptoit six professeurs, un de politique, de finances , de police , de

avoient des assesseurs que les facultés consul-
toient toutes les fois qu'elles croyoient avoir
besoin de leurs lumières.

Leur nombre, au moment où la guerre est
survenue, se montoit à quarante-un, et
celui des assesseurs à quarante-sept.

Afin de completter l'instruction dans toutes
ses parties, il y avoit encore un maître de
dessin, deux maîtres de langue françoise,
un de langue italienne, un de langue an-
gloise, un maître d'équitation, un maître
d'armes et un maître de danse.

Pour seconder ses travaux, l'Université de
Mayence avoit auprès d'elle les établissemens
les plus beaux.

---

commerce et de statistique; un de mathématiques appliquées, un d'histoire naturelle (ces trois professeurs
avoient les mêmes chaires dans d'autres facultés), un de
technologie, de la connoissance des fabriques, de la théo-
rie du commerce, etc. ; un d'économie rurale, d'économie
forestière, de jardinage, de botanique et de zoologie économiques.

Elle avoit aussi un assesseur qui donnoit des leçons particulières sur l'économie forestière.

1°. Une *bibliothèque* de plus de 80,000 volumes, que soignoient et conservoient deux bibliothécaires.

2°. Un *cabinet d'histoire naturelle*, que plusieurs princes d'Allemagne avoient enrichi, à l'envi, des plus belles productions de la nature.

3°. Un *cabinet de physique*, où l'électeur avoit, depuis quelques années, placé des instrumens tirés d'Angleterre, pour plus de 12,000 francs.

4°. Un cabinet *d'instrumens de chirurgie et d'accouchemens*, dont les principaux venoient d'Angleterre.

5°. Un *théâtre anatomique*.

6°. Un *laboratoire de chimie*, construit avec soin par l'électeur.

7°. Un *hôpital clinique*, et une *salle d'accouchemens*.

8°. Un riche *cabinet de médailles*, où non-seulement se trouvent des objets recherchés en ce genre, mais où l'on voit plus de quatre mille médailles concernant la ville de Mayence, et qui peuvent servir de base à son histoire. Cette collection précieuse est encore entre les mains du docte *Reiter*, ami de l'antiquité, dont il conserve des monumens intéressans (1).

9°. Enfin un jardin de *botanique*, remarquable par la réunion des objets qu'il contenoit.

A ces établissemens l'Université joignoit encore un imprimeur, un libraire, un graveur, un fabricant d'instrumens de chirurgie et d'accouchemens, ainsi qu'un relieur, toujours prêts à fournir ce qui étoit utile, et à entretenir ce que l'on possédoit.

Ce vaste établissement d'instruction publique, ainsi organisé par les soins de l'électeur *Emmerich Joseph*, dont la mémoire sera toujours chère aux Mayençois (2), s'alimentoit

---

(1) Ce savant a toujours ce précieux dépôt qu'il a créé, et le conserve encore. Le citoyen Rudler a cru ne pouvoir lui donner une plus grande preuve de confiance, un témoignage de reconnoissance plus flatteur qu'en le lui laissant entre les mains. Il ne pouvoit mieux servir les amis des sciences et de l'antiquité.

(2) L'électeur *Emmerich Joseph* étoit le protecteur le plus éclairé des sciences et des lettres. Il s'étoit affranchi

à

à l'aide des fonds qu'il tenoit de ses bienfai-
teurs, parmi lesquels doit se compter l'électeur
Frédéric - Charles - Joseph, encore vivant,
qui l'a doté des revenus de trois riches corpo-
rations religieuses, supprimées à cet effet.

Certes ! quoique quelques-uns des établissemens dépendans de l'Université aient souffert
pendant la guerre, quoique par un arrêté du
commissaire général du Gouvernement, l'enseignement ait été réduit (1) à un moins
grand nombre de parties ; quoique la portion

---

d'une foule de préjugés, et n'avoit pas dédaigné de donner
aux études une teinte philosophique. *Benzel*, qui partage
avec lui la reconnoissance des Mayençois, le seconda puis-
samment ; il consacra toute sa vie à améliorer l'éducation
dans l'Université de Mayence, dont il étoit *curateur.* Il
donna un plan d'éducation qu'il prenoit plaisir à voir s'exé-
cuter et se perfectionner. C'est de ce plan qu'ont été extraites les notes relatives aux trois grandes divisions de l'enseignement.

(1) Suivant l'arrêté du commissaire Rudler, en date du
11 Brumaire an VII, le nombre des chaires étoit réduit de
la manière suivante.

« Il y aura les cours suivans, savoir; 1°. celui de *dessin ;*
» 2°. celui *d'histoire naturelle et de botanique* ; 3°. celui
» *de langues anciennes, grecque et latine* ; 4°. celui de

** 1

de ses fonds qui est sur la rive droite, soit en souffrance, il n'est pas une seule ville des quatre Départemens qui puisse offrir un ensemble d'établissemens aussi propres à seconder les travaux des écoles supérieures. Les trois autres Universités n'avoient ni la même splendeur, ni les mêmes ressources ; *Cologne* n'a vu former sa bibliothèque et son cabinet de physique (1), que depuis qu'elle a été or-

---

» *langue françoise* ; 5°. celui de *philosophie et de morale*
» (grammaire générale) ; 6°. celui de *mathématiques* ;
» 7°. celui de *physique et de chimie expérimentales* ; 8°.
» celui de *belles-lettres* ; 9°. celui *d'histoire* ; 10°. celui de
» *législation* ; 11°. celui *d'accouchemens* ; 12°. celui
» *d'anatomie et de physiologie* ; 13°. celui de *chimie*
» *théorique et pratique* ; 14°. celui de *pathologie et*
» *thérapeutique générale* ; 15°. celui de *thérapeutique*
» *spéciale et clinique* ; 16°. celui de *l'art vétérinaire* ;
» 17°. celui *d'économie rurale* ». Le commissaire avoit de plus donné un surnuméraire à la bibliothèque ; un *prosecteur* pour les dissections, et il avoit conservé le gardien du jardin de botanique. Les choses sont encore en ce moment en cet état.

(1) C'est avec le produit de ce qui se trouvoit dans la maison des Jésuites, et qui a été vendu sous l'autorisation du commissaire du Gouvernement que, par la permission

ganisée par le C. Rudler. *Trèves*, une des
plus anciennes et des plus fameuses écoles
connues, ne jouissoit plus, pour ainsi dire, que
de son antique renom, et elle s'est vue obligée
de former *de pièces d'emprunt* les cabinets nécessaires à ses études. Ses fonds, qui repo-
soient presqu'entièrement sur des dons que
faisoient des chapitres et des couvens, se sont
conséquemment évanouis. *Bonn* a perdu la
bibliothèque et le cabinet d'histoire naturelle, que l'électeur lui permettoit de consul-
ter, quand ce prince les transporta sur l'autre
rive; et ses fonds reposent, en majeure partie,
sur un individu presque ruiné.

Si Mayence a perdu, par la retraite du frère
de l'électeur, un précieux cabinet de gravures
qui lui étoit destiné, elle se trouve honora-
blement inscrite dans un arrêté des Consuls,
au nombre des quinze villes principales où
sera placé un choix de tableaux propres à
l'instruction; et sa bibliothèque s'est accrue,
par les bienfaits du Gouvernement, de plus de

---

du même commissaire, les professeurs ont acquis la bibliothèque et le cabinet de physique d'un savant de Strasbourg.

4,000 volumes, formant une classe choisie de littérature françoise (1).

Les fonds de l'Université fussent ils réduits à ce qu'elle possède sur la rive gauche , présentent encore un produit annuel de 62,000 francs environ , qui dans l'ordre actuel des choses , seront respectés (2). La rive droite lui conserve un revenu de 65,000 autres francs , qui bientôt , sans doute , lui seront rendus sans difficultés , conformément aux négociations de Radstadt , aussitôt après que les puissances

---

(1) C'est au C. *Chaptal* , ministre ami des sciences, qu'elle doit en grande partie ce cadeau. Il n'est pas vraisemblable que le Gouvernement accorde des livres et des tableaux à une ville dont il veut retirer les écoles , c'est ce qui soutient l'espérance des Mayençois contre les bruits affligeans que l'on fait circuler , et que répandent euxmèmes les journaux de la capitale.

(2) Dans le projet de loi sur l'instruction publique , il est dit que le Gouvernement accueillera les dons qui pourront être faits aux écoles : la conséquence naturelle à tirer de cet article de la loi , c'est que les biens des établissemens d'instruction en France , ne leur seroient point enlevés en ce moment , et que dans les pays nouvellement réunis à la France , où ces établissemens jouissent encore de leurs biens , ils n'en seront pas privés.

respectives se seront accordées sur ce qui concerne les biens affectés aux établissemens publics ; ou qui, par des arrangemens particuliers, pourront être, si mieux on l'aime, échangés contre les propriétés de l'Université d'*Heidelberg*, situées dans le département du Mont-Tonnerre, dont Mayence est le chef-lieu.

Ces revenus réunis à ce que doit à l'Université le prince de *Hessen-Darmstadt*, déjà condamné à la restitution par *la Cour aulique de Vienne*, formeroient un total de plus de 196,000 francs, bien capable, assurément, de fournir au maintien des établissemens déjà existans, au rétablissement de ceux qui ont souffert, et à l'entretien des maîtres et professeurs nécessaires aux écoles qui succéderoient aux droits de l'Université.

Les écoles de Mayence ne seroient point à charge *à l'État* ; elles pourroient, sans blesser ses intérêts, avoir plus d'étendue que celles de l'intérieur, pour qu'elles conservassent quelqu'affinité avec les Universités de l'Allemagne, dont, sous le nom d'Université, elles étoient les glorieuses rivales.

Ainsi, *la position*, si l'on peut dire *communicatrice*, de Mayence avec l'Allemagne, sa

prérogative d'être le *berceau de l'imprimerie* ;
la *pureté de la langue allemande* que l'on y
parle ; la *célébrité de ses écoles* ; la *multitude
de ses établissemens propres à l'instruction* ;
les *moyens qu'elle a de l'entretenir avec splendeur* ; tout, jusqu'aux *bienfaits même du Gouvernement étroitement liés avec elle*, tout con-
court à lui faire obtenir la préférence pour le
placement des *Lycée et Écoles supérieures*
qu'on désireroit substituer aux Universités.

Mayence pourroit encore faire valoir en sa
faveur et comme un motif d'égards particuliers de la part du Gouvernement, le zèle
qu'elle a constamment développé pour la République Françoise, le vœu de sa réunion à
la grande Nation, prononcé dans le moment le
plus critique, et pendant que les Prussiens en-
veloppoient ses murs et lançoïent sur ses édifices leurs feux destructeurs.

Cette ville pourroit encore faire naître de
justes craintes sur la perte que feroit l'instruction publique d'une portion de ses fonds, con-
nue sous la dénomination de *corps des fonda-
tions* (1), si ses écoles étoient anéanties ; com-

____

(1) Le fonds des bourses s'appelle *corpus fundationum.*

ment pourroit-on, en effet, ne pas rendre aux fondateurs des bourses qui, presque tous sont habitans de la rive droite, les sommes qu'ils ont versées pour assurer des bourses à leurs enfans et à leurs descendans, dans l'Université de Mayence, si cette Université disparoissoit sans être remplacée par un ensemble d'instruction qui en renfermât les degrés supérieurs?

Mais peut-être chercheroit-on la ville la plus centrale des quatre Départemens pour le placement des écoles supérieures, sous le prétexte de la facilité que l'on donneroit aux administrés d'y envoyer leurs enfans. Cette raison de proximité pourroit être bonne s'il s'agissoit d'une administration où tous les individus, plus ou moins, auroient des relations nécessaires et habituelles, ou même d'une école primaire à laquelle les enfans sont envoyés tous les jours, deux fois, de la maison paternelle. Un lycée, une école supérieure n'exigent pas ces voyages journaliers, et les élèves ne sont pas arrêtés par quelques myriamètres de plus, quand ils se décident à aller se fixer dans une école dont la célébrité les attire. On couroit à *Paris* de tous les points de la France, comme à *Gœttingen* et à *Mayence*,

des distances les plus eloignées de l'Allemagne , de la Suède , de la Russie, et même de
l'Angleterre.

Mais peut-être veut-on placer , ainsi que les
papiers publics l'ont annoncé, dans une petite
ville , ces écoles supérieures ; on croit peut-
être que les élèves moins dissipés y feront de
plus grands progrès. Las ! Mayence offre-t-il
autant de dissipation et de plaisirs que Paris? Et
Paris sera-t-il privé de l'ensemble de toutes les
parties de l'instruction? Ah ! déjà l'on avoit en-
gagé l'électeur *Fréderic-Charles-Joseph* de
transporter l'Université dans un endroit moins
dissipé que Mayence; on lui proposoit les petites
villes d'*Elfeld* ou d'*Hœchst* ; mais l'électeur
n'eût qu'à relire les motifs qui l'avoient fait placer et conserver à Mayence par ses prédéces-
seurs (1) , pour l'y maintenir à son tour. Il
savoit d'ailleurs que c'est dans les grandes
villes que le *goût* est le plus pur , que les hommes , moins isolés , acquerrent , par un frot-

---

(1) Voyez la note de la page 6 , où sont rappelés les
motifs de *Dieterus* et de *Sixte IV*.

tement moral, s'il est possible de dire, ce poli
que le caillou n'obtient que par un frottement
physique, et Mayence conserva ses écoles.

Mais peut-être le Gouvernement, sage dis-
pensateur de ses bienfaits, veut-il, en divi-
sant les établissemens, donner à plusieurs
villes à-la-fois, des moyens de devenir flo-
rissantes ; peut-être est-il quelque ville qui ait
souffert beaucoup par le changement de ré-
gime et par la guerre, et que le Gouverneme nt
veuille dédommager.

Sans doute Mayence applaudit à la sage
dispensation que le Gouvernement fait de ses
dons ; mais elle croit que les établissemens
d'instruction publique ne sont pas de nature
à être *indifféremment placés* dans tel ou tel
endroit. Elle pense que, sur-tout dans les
quatre nouveaux Départemens du Rhin, où
doit naturellement s'établir un *point de communication littéraire avec l'Allemagne*, ce
n'est point dans une ville qui ne se trouve
pas au point central de la nation avec laquelle on doit communiquer ; dans une ville
qui compte à peine, dans la même personne,

un imprimeur et un libraire ; qui est dépourvue de bibliothèques, de cabinet d'histoire naturelle, des principaux établissemens nécessaires aux degrés supérieurs de l'instruction ; dont le langage corrompu feroit fuir les étrangers ; où presque tous les frais deviendroient à la charge de l'État ; oui, les habitans de Mayence pensent que ce n'est pas dans une semblable ville, que les lycée et écoles supérieures doivent être placés.

Sans doute Mayence se félicite de voir le Gouvernement dédommager les villes qui ont le plus souffert, et sous ce rapport elle doit avoir les plus grandes espérances. Quelle ville, dans les quatre Départemens, a soutenu comme elle deux siéges longs et désastreux ? Quelle ville a nourri plus de garnison ? Mais non-seulement elle a souffert de la guerre : elle étoit le séjour de la cour la plus brillante, et de la première noblesse de l'Allemagne ; cette cour a disparu avec l'électeur. La noblesse s'est retirée, les revenus qu'elle tiroit des États-Héréditaires, de la Bohême et de la Franconie, et qu'elle dépensoit dans son sein, sont perdus pour elle. Dans ses murs étoit un chapitre riche et puissant , dont les membres possédoient , avec leur patrimoine , plusieurs des plus fortes prébendes de l'Empire , et y en consommoient le produit , auprès du premier électeur ecclésiastique. Ces chanoines l'ont suivi.

Pendant tous les mouvemens militaires , une partie des revenus de l'Université n'a pas été perçue, et conséquemment point dépensée chez elle ; les élèves étrangers n'y sont point venus échanger l'or contre les connoissances plus précieuses que ce métal.

La majeure partie des individus qui ont quitté Mayence étoit aisée , et sa population réduite de 35,000 à 21,000 seulement fera sentir l'énormité de ses pertes , auxquelles il faut ajouter encore celles qu'à causées à son commerce la transplantation, faite sans loi qui l'autorisât , des douanes qui le tuent loin de le protéger , parce que les règles qu'elles suivent n'ont pas été appropriées à cette nouvelle frontière, baignée par un fleuve qui peut enrichir l'un ou l'autre de ses riverains , à proportion des gênes et des facilités qu'il éprouve à faire aborder les richesses qu'il transporte.

En vain on voudroit faire valoir comme un dédommagement suffisant à Mayence, la protection que le Gouvernement paroît accorder à son commerce qui *doit devenir* florissant.

Le commerce de cette cité est presque ruiné ; avant que l'on ait pris les moyens nécessaires pour le ranimer ; avant que l'on ait banni de son port les douaniers ; avant qu'on ait changé la destination de cette ville qui reste encore forteresse, qualité nécessairement destructive du commerce ; il ne se relèvera pas. Dix-sept familles de négocians sont encore prêtes à fuir les entraves dont on a surchargé leur sol natal, et tout ce qui est promis pour le faire fleurir n'est, jusqu'à ce moment, qu'une *perspective flatteuse*, mais *bien éloignée*. Mayence remercie avec reconnoissance le Gouvernement de la lui avoir mise sous les yeux, mais elle n'en goûtera le bonheur que quand elle sera réalisée ; et l'on connoît les lenteurs avec lesquelles s'affermissent les bases, et se fait, si l'on peut s'exprimer ainsi, l'élévation d'un commerce florissant.

Les habitans de Mayence sont donc convaincus qu'outre les motifs qu'ils ont déjà cités pour obtenir la conservation de leurs écoles , ou leur conversion en lycée et autres degrés supérieurs de l'instruction publique , le *dévouement avec lequel il se sont jetés les premiers dans le sein de la République , et les pertes énormes qu'ils ont éprouvées, et qui excèdent celles de toutes les autres villes du Rhin* , leur procureront , de la part du Gouvernement, l'avantage qu'ils croyent mériter.

Quand l'anarchie dévorante , quand les guerres civiles et religieuses désoloient l'Allemagne; dans un moment où des barbares inondoient et dévastoient ce pays , leurs mains respectèrent les propriétés de l'Université de Mayence. La célébrité de ses écoles amortit leur rage , et les sciences y triomphèrent par le respect des hommes incultes qui en ignoroient les avantages.

Quelles espérances Mayence ne doit-elle pas

avoir en cette circonstance, où c'est le vainqueur éclairé du Tibre et du Nil, le pacificateur de l'Europe, le soutien des mœurs et des sciences, qui doit prononcer sur le sort de ces mêmes écoles, et leur conservation dans la patrie de *Guttemberg*, de *Fust*, et *Schœffer*.

Ce 5 Floréal, an X.